LETTRES

SUR LA

CRISE ACTUELLE

PAR

M. CABET,

ANCIEN DÉPUTÉ.

—

DEUXIÈME LETTRE.

POINT DE BASTILLES!

DEUXIÈME ÉDITION.

2 feuilles in-8. — Prix : 6 sous.

PREVOT, LIBRAIRE, RUE BOURBON-VILLENEUVE, 61.

ROUANNET. — RUE VERDELET, 4;

1840

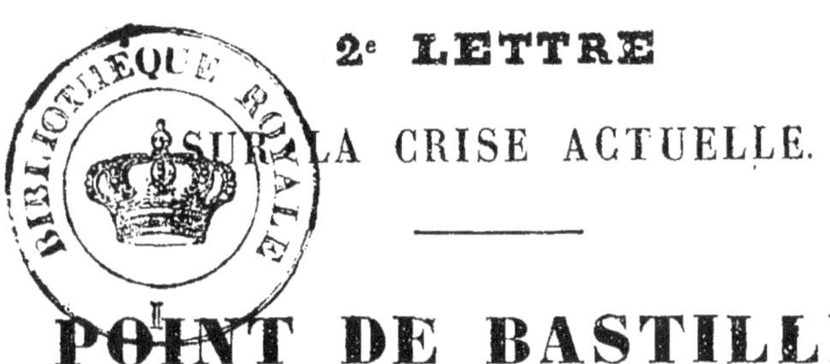

2e LETTRE

SUR LA CRISE ACTUELLE.

POINT DE BASTILLES!

LES FORTIFICATIONS PROJETÉES SONT DES BASTILLES.

DES BASTILLES SERAIENT LA RUINE DE PARIS, DE LA LIBERTÉ,

DE L'INDÉPENDANCE.—DÉPENSES ÉNORMES.

OPINIONS DIVERSES CONTRE LES FORTERESSES.

Sous la Monarchie représentative ou parlementaire, les Ministres sont censés tout faire; rien ne se fait que parce qu'ils l'approuvent ou le souffrent; rien ne peut excuser leur lâcheté, quand ils sont lâches : à eux la *responsabilité!*

Personne ne peut avoir oublié l'accueil fait en 1830 au Gouvernement sorti des barricades. Assurément il ne peut se plaindre de la Nation celui qui reçut alors la plus belle couronne de l'univers, une couronne qui devait lui donner bonheur et gloire.

Quelle popularité d'abord! Il est vrai que partie des combattants fronçaient le sourcil au seul nom de l'élu; mais la masse, crédule, confiante, ne pouvant douter de sa fidélité à la Révolution qui lui donnait un trône, l'encourage par ses députations et ses adresses; 60,000 gardes nationaux, réunis au Champ-de-Mars sur la fin d'août, le saluent de leurs acclamations; les élèves de l'École polytechnique et des Écoles de droit et de médecine, les jeunes gens du commerce, lui présentent l'hommage de leur dévouement. Le Peuple chante la *Parisienne* comme la *Marseillaise.*

Avec quel plaisir on se montre alors populaire et confiant! On reçoit pour garde, dans son palais, des ouvriers en veste ; on les appelle *mes camarades ;* on leur donne des poignées de mains ; on boit dans leur verre ; on chante avec eux l'Hymne à la Patrie ; on répond qu'on est *à eux à la vie et à la mort ;* on se montre à la foule ; on va dans les rues, comme un bourgeois, seul, à pied, avec son parapluie et son chapeau gris. C'est bien, très bien ! qu'on serait heureux si le Ministère continuait ce système !

Que de protestations patriotiques ! On se vante d'être un Patriote de 89, un soldat de Jemmapes et de Valmy, un défenseur de la République et de la Convention...... On se vante d'avoir toujours porté la cocarde tricolore, et d'être toujours Républicain ; on ne connaît rien de mieux que la Constitution américaine ; on accepte une *Monarchie populaire entourée d'institutions républicaines ;* on veut un gouvernement à bon marché et seulement 4 à 6 millions de liste civile ; on se laisse appeler *la meilleure des Républiques,* et *Roi-Citoyen ;* on appelle la Charte nouvelle une *Charte-Vérité.* C'est bien, très bien, si l'on continue !

Que de sécurité, que de bonheur, que de puissance on aurait si le Gouvernement appliquait fidèlement ces principes ! On n'aurait jamais besoin de bastilles ! Et la Nation doit être la première à regretter que le Pouvoir ait quitté la voie qui le rendrait heureux en assurant le bonheur du pays.

Bientôt tout change, pour le malheur commun..... La funeste influence des Talleyrand, des Guizot, des Molé, des Thiers, empoisonne tout, appelle les tempêtes.

Bientôt, on proclame que le Gouvernement *doit être impopulaire !*

Bientôt, la résistance universelle, les émeutes, les conspirations, manifestent la plus profonde impopularité !

Bientôt, Lafayette, Dupont (de l'Eure), Laffitte même, tous les patriotes désintéressés, sont repoussés, destitués, persécutés, proscrits ; les *Conseils municipaux* sont dissous ; les *Gardes nationales* sont licenciées et désarmées ; les *Jurés* sont dépouillés de leurs principales attributions ; le sang coule en juin et en avril, à Lyon et à Paris.

Mais la dissolution des Municipalités et des Gardes nationales , les lois de Septembre, la destruction de la presse et des associations, le désarmement des citoyens , sont d'impuissantes mesures : loin de calmer l'irritation , elles l'augn,entent...

Et à qui la faute? Est-ce à ce Peuple de Juillet qui s'est montré si modéré , si généreux , si ami de l'ordre , si confiant et si docile? N'est-ce pas la faute du Système et du Ministère?

C'est en vain qu'il promet la paix ; le désarmement général ; la démolition des places fortes élevées en Belgique , en 1815 , par la Coalition , pour menacer la France ; l'alliance avec l'Angleterre, l'Espagne et le Portugal ; la conservation de la Nationalité Polonaise...

Ce Ministère ne réalise aucune de ses promesses ; il tient la France à la discrétion de l'Étranger ; il abandonne ou sacrifie la Pologne, l'Italie, l'Espagne... Il rend Ancône... Mais il demande des dots et des apanages.

Le mécontentement est tel qu'on n'ose plus passer les revues de la Garde nationale , ni assister aux anniversaires de Juillet, ni sortir... On se proclame prisonnier.

Alors, pour la sécurité du Pouvoir, il faut des *Bastilles!*...

On se rappelle l'ardeur à les demander, les efforts, les moyens, les ruses, pour les obtenir : ce n'étaient que des *forts détachés;* leur unique but était la défense de la capitale contre l'Étranger ; on invoquait l'intérêt de Paris et de la France , le salut public, l'indépendance, l'honneur national, le patriotisme des Français.

On se rappelle aussi l'opposition de la tribune et de la presse ; les écrits d'*Arago ;* la démonstration que les forts détachés étaient des *bastilles,* par conséquent un mensonge, une ruse , une perfidie , qui cachaient des projets contre-révolutionnaires, liberticides , anti-nationaux.

On se rappelle quel effet produisit la publication du rapport du Ministre *Clermont-Tonnerre* à Charles X. Nous le remettons ici sous les yeux du lecteur.

Rapport de Clermont-Tonnerre.

En soumettant à Votre Majesté un rapport spécial sur l'établissement de la caserne du Trocadéro, je crois de mon devoir d'appeler un moment son attention sur le système général d'après lequel le casernement de Paris me semble devoir être établi.

Paris, déjà si grand, tend constamment à s'accroître; et une force de choses que je crois irrésistible, tend de plus en plus à faire de Paris une ville à la fois industrielle et commerçante , *c'est-à-dire une ville où les soulèvements populaires sont le plus à redouter.* Paris cependant est le centre du gouvernement ; et en supposant que quelque jour il fût possible de transporter à Versailles la résidence du Roi, Paris exercera toujours sur la France une action si puissante que *le gouvernement devra toujours être en mesure de maintenir cette grande capitale dans l'obéissance et le devoir.*

Votre Majesté n'ignore pas que c'est surtout dans une vue militaire, et pour pouvoir, en cas d'attaque du Louvre, gagner en sûreté le château des Tuileries , *que Henri IV a construit* la galerie qui réunit le Louvre aux Tuileries.

Quand Louis XIV fonda Versailles et en fit la résidence royale, ce n'était pas seulement dans des vues de magnificence que ce grand Roi prit une si importante détermination. Le souvenir de la Fronde était présent à sa pensée ; et *on sait qu'il avait voulu s'éloigner, avant tout, de son immense capitale,* et qu'il fut même question , entre autres projets , de transporter sur la Loire le siége du Gouvernement. Sans la faiblesse et la perfidie qui perdirent la Monarchie au 6 octobre , la prévoyance du grand Roi eût été pleinement justifiée par la défaite des factieux qui osèrent venir de Paris pour attaquer la demeure du Souverain.

Enfin, Sire, quand Bonaparte s'établit dans le palais de nos Rois, il sentit plus qu'aucun autre la nécessité d'isoler la demeure du Souverain et de la mettre à l'abri des attaques d'une immense population qui se soulèverait contre le Gouvernement. *Ce fut dans ce dessein qu'il entreprit de construire la nouvelle galerie qui doit enceindre dans le palais même une immense place d'armes, ayant des débouchés sur toutes les faces;* qu'il isola le jardin des Tuileries et fit percer la rue de Rivoli, dont le prolongement doit aller jusqu'à la colonnade du Louvre afin de dégager entièrement l'enceinte du palais.

Mais il ne se contenta pas d'isoler le palais et de le placer entre de longs espaces *que le canon ou les charges de cavalerie* peuvent balayer avec la plus grande facilité : il ajouta à ces premières dispositions une précaution de détail qui mérite d'être remarquée, en réservant en face du pavillon Marsan une petite place en retraite dont le but est évidemment de pouvoir au besoin réunir et mettre à couvert une réserve de troupes et d'artillerie ; et par l'acquisition du terrain qu'il fit jusqu'à la rue Saint-Honoré, il s'assura les moyens d'agir sur cette importante communication. On sait enfin qu'il se refusa constamment à dégager la façade de Saint-Roch, où il avait acquis, le 15 vendémiaire, la preuve que le peuple soulevé pouvait trouver un point d'appui redoutable, afin que du haut de cette citadelle on ne puisse pas prendre vue sur les Tuileries ou déboucher facilement de la butte Saint-Roch près du château, sur la rue de Rivoli.

Suivons maintenant l'ensemble de ses combinaisons, et voyons jusqu'à quel point il avait porté la prévoyance du danger *que peut faire courir au chef d'un État une Population de plus d'un million d'âmes.*

La première disposition à l'aide de laquelle il avait appuyé son système était l'établissement d'une caserne en face du pont Royal, afin d'être ainsi le maître des deux rives de la Seine, et de conserver toujours sa communication libre avec les troupes casernées à Grenelle et à l'École-Militaire. Mais ce n'est pas assez : il connais sait trop bien la guerre pour ne pas savoir combien est grande l'influence qu'exerce l'occupation des hauteurs sur les populations qu'elles dominent ; et il avait senti, en conséquence, le besoin de fortifier Chaillot ; *mais, pour ne pas laisser percer au-dehors les craintes et la défiance dont son cœur était rempli*, il annonça seulement le projet de construire ce qu'il appela le Palais du Roi de Rome, et voici en quoi consistait ce projet : le Palais, placé sur la hauteur en face de l'École-Militaire, dominant le pont d'Iéna, enfilant le cours entier de la rivière d'une part, et tout le développement de la rue de Rivoli de l'autre, devait être construit de manière à remplir toutes les conditions d'une véritable forteresse ; mais, pour lui donner toute la valeur dont elle était susceptible, il embrassait, dans ses dépendances, tout le grand plateau qui s'étend de la barrière de l'Étoile et de la hauteur des Bons-Hommes jusqu'au bois de Boulogne et à la route de Neuilly. Sur ce plateau il devait établir un immense jardin entouré de fortes murailles ou de fossés profonds, qui en faisaient au besoin un vaste camp retranché, auquel arrivaient, par toutes les routes, et sans être obligées d'entrer dans Paris, les troupes de Versailles, de Courbevoie et de Saint-Denis, et en un mot la garde entière.

Tel était, Sire, l'ensemble d'un système dont Votre Majesté appréciera la force. Voici maintenant celui dans lequel je crois nécessaire d'entrer. Le passé porte un flambeau destiné à éclairer l'avenir, *et de trop malheureux exemples prouvent que l'autorité la plus légitime et même la plus paternelle peut avoir besoin de la force, pour qu'il ne soit pas d'une sage politique de s'assurer les moyens d'en user.*

Le premier fondement du système que je crois nécessaire de porter le plus rapidement possible à sa plus complète exécution est la construction d'une forte caserne sur la *hauteur de Chaillot*. J'ai développé les avantages de cette position ; elle domine le cours de la Seine ; elle assure la possession des deux rives par le pont d'Iéna; elle prend à revers la rue de Rivoli, les Champs-Élysées et les Tuileries ; on y arrive de toutes parts sans être obligé de traverser Paris; c'est un point d'où l'on peut se porter et agir dans toutes les directions.

Cette caserne présenterait l'aspect d'un monument élevé à la gloire du pacificateur de l'Espagne ; *mais dans la réalité elle aurait toute la solidité d'un fort.* Des dispositions particulières et non apparentes donneront la faculté d'y placer du canon ; elle sera isolée sur tout son pourtour, placée au bord de l'escarpement faisant face à l'École-Militaire ; elle aura en arrière, dans la direction du bois de Boulogne, une grande place, qui formerait, au besoin, une place d'armes, pour la réunion des troupes'; on aurait soin de diriger, vers cette place de grandes communications dont la principale arriverait directement de la porte Maillot. Enfin, les alignements des rues qui par suite pourraient être tracées à partir de ce plateau, seraient dirigés vers l'intérieur, de manière à ménager scrupuleusement les vues que la hauteur de Chaillot prend sur le cours de la rivière, sur les Champs-Élysées, les Tuileries et la rue de Rivoli.

Ce premier point établi, pour s'assurer plus complétement la possession des deux rives de la Seine et la communication par le pont d'Iéna, on construirait de l'autre côté de ce pont la caserne de cavalerie destinée à remplacer celle qui se trouve retirée à la garde royale par l'aliénation des terrains de Belle-Chasse. Et pour avoir toujours la disposition libre et prompte de l'artillerie, on construirait, au pied de la hauteur même de Chaillot, en face du pont, une caserne pour l'artillerie et le train de service.

Un autre objet du plus haut intérêt *est l'achèvement de la seconde galerie du Louvre et la prolongation de la rue de Rivoli jusqu'à la place de la Colonnade;* mais cet objet est entièrement en dehors des attributions du ministère de la guerre, et je ne puis que l'indiquer à la sollicitude de Votre Majesté. Il est aussi très important de conserver aux gardes-du-corps et d'acquérir, si l'on peut, la caserne qu'ils occupent de l'autre côté de la rivière près le pont Royal. Le Roi se rappelle, sans doute, que quand les anciens mousquetaires existaient, leur quartier était placé rue du Bac, dans l'endroit où est maintenant le marché Boulainvilliers. Ce n'est pas sans une vue militaire que cet établissement avait été fait. Ce n'est peut-être pas sans l'influence des hommes qui préparaient la révolution que sa destination a été changée.

Mais ce n'est pas assez que le pouvoir *se défende contre les soulèvements d'une grande ville et de s'être assuré les moyens d'en faire une exemplaire justice;* il faut, autant que possible, leur préparer des obstacles qui puissent les *prévenir,* ou les arrêter du moins dans leurs développements; et, pour arriver à ce but, il existe un moyen simple, mais nécessaire à employer : c'est d'établir les *casernes* des régiments de la garnison de manière à présenter partout contre la population ameutée des moyens de résistance et de répression qui la contiennent dans le devoir. Ces casernes doivent être *isolées;* elles doivent, autant que possible, contenir les régiments entiers.

Elles doivent être construites de manière à présenter au besoin une grande résistance, et à donner une action directe et énergique sur les quartiers populeux à portée desquels elles seront placées; mais pour pouvoir les construire avec toutes ces conditions, il est nécessaire d'aliéner une partie considérable des casernes que nous possédons aujourd'hui dans Paris, et d'en employer le produit à construire des casernes nouvelles, sur des points qu'il faudra déterminer d'avance, et où il faudra acquérir des terrains propres à leur construction. Mon intention est, en conséquence, de préparer un travail spécial sur cet objet, et j'aurai l'honneur de le soumettre à Votre Majesté aussitôt qu'il sera terminé.

Enfin, il est une dernière disposition qui forme le complément du système, mais qui toutefois se rattache plus particulièrement à l'organisation générale de la défense du royaume, et dont l'exécution ne peut être envisagée que dans un long avenir : *je veux parler d'un fort ou plutôt d'une grande citadelle à établir à Montmartre.* Il peut être nécessaire quelque jour, par suite de grands désastres militaires, comme de grandes commotions politiques, de mettre en sûreté des objets précieux, des richesses d'une valeur immense; il y a de plus une évidente utilité à tenir près d'une grande ville *une forteresse qui la commande et qui la contienne par la crainte,* en même temps que, dans les suppositions d'une guerre malheureuse, elle empêche que l'ennemi ne puisse occuper en paix la capitale du royaume et ménage contre lui les retours offensifs. C'est donc par de très puissants motifs que je pense, avec beaucoup de militaires, qu'il conviendra d'établir, sur Montmartre, un point de résistance imposant ; mais cet objet, ainsi que je l'ai dit, appartient à d'autres temps et tient à des combinaisons d'un ordre plus élevé, et je ne l'ai indiqué ici qu'à cause de sa liaison évidente avec le sujet de ce rapport.

Tel est, Sire, le système que j'ai cru utile de présenter à Votre Majesté. Je ne lui demande point aujourd'hui de l'approuver en son entier ; mais j'en disposerai les détails de manière à pouvoir prendre successivement ses ordres sur chaque objet en particulier ; je lui demande uniquement de constater ici l'accomplissement d'un devoir qui m'était imposé dans l'intérêt de l'avenir.

Lu au Conseil, le 27 mai 1826.　　　CLERMONT-TONNERRE.

Comme ce Rapport met à nu les ruses employées par tous les Gouvernements pour faire des Bastilles, en jetant de la poudre aux yeux du Peuple pour l'empêcher de les voir !

On se rappelle la conviction, les protestations, les accusations des commerçants, des propriétaires, des gardes nationaux, de la population ; les cris *à bas les Bastilles !* et la colère du Pouvoir, obligé de reculer.

Quel échec ! Quelle honte, avec une pareille méfiance, une pareille suspicion !

Mais les Bastilles sont peut-être une condition *sine quâ non* pour calmer et arrêter la Coalition ; c'est une question de vie ou de mort pour le Despotisme ministériel : le Ministère n'abandonne donc pas ; il ajourne seulement, pour attendre des circonstances plus favorables. Il sait que, comme disait Louis XVIII, *le Temps est une Puissance ;* que *tout vient à point à qui sait attendre ;* qu'il faut savoir attendre que *la poire soit mûre.* Il sait que la Liste civile, repoussée une première fois, a été accordée une seconde ; que les 25 millions américains, refusés plusieurs années, ont été consentis plus tard ; que l'abandon d'Alger, dix fois combattu, sera reproposé jusqu'à ce qu'on l'adopte... Il reproposera donc, à plus forte raison, les Bastilles ; il les reproposera dix fois ; il attendra la circonstance ; il emploiera tout son génie à la faire naître, toute son adresse à cacher ses ruses.

Et tout cela, c'est tout simple, c'est tout naturel, c'est une conséquence forcée de la situation dans laquelle il s'est placé. Il joue son rôle, il fait son métier : c'est à la Nation à

se défendre ; c'est à chaque citoyen qui voit le péril à le si-
gnaler.

Or, quelle circonstance plus favorable pour obtenir des
fortifications à Paris que celle d'une menace de guerre européenne contre la France...? Le chef-d'œuvre pour
M. Thiers ne serait-il pas d'amener la Coalition à feindre
des projets hostiles, à lui fournir un *prétexte* pour fortifier
Paris...?

Quelle extravagante supposition...! s'écriera-t-on peut-
être. — Un moment ! Est ce qu'il est une ruse, une roue-
rie, un complot, une perfidie, une trahison, dont la Diplomatie, des Ministres, des Généraux, n'aient donné mille
fois l'exemple ? Puisque *Fouché, Talleyrand, Marmont, Au-
gereau, Dumouriez, Pichegru, Moreau,* conspiraient avec la
Coalition et trahissaient leur Patrie, en faveur des Bour-
bons et de l'Étranger, qui donc a le droit d'être à l'abri de
tout soupçon ? M. Thiers est-il donc si pur qu'on doive voir
un ange en lui ? Est-ce que la France ne l'a pas déjà
soupçonné du crime de vouloir des Bastilles sous le nom de
forts détachés ? Est-ce que la défiance n'est pas la mère de la
sûreté ? Est-ce qu'il n'y va pas du salut de chaque citoyen ?
Est-ce que personne n'a versé des larmes de sang pour
n'avoir pas soupçonné Talleyrand, Fouché, etc. ? Est-ce
que la Coalition n'a pas intérêt à voir des Bastilles ?

Reprenons donc. Le chef-d'œuvre pour M. Thiers serait,
à force de ruses et de tromperies, de s'attacher M. *O. Barrot* et l'Opposition dynastique ; de feindre une rupture
presque ouverte avec son maître ; de rentrer au Ministère
comme malgré lui ; de caresser le *dada* du Gouvernement
parlementaire, tout en se moquant du Parlement ; de surprendre le sentiment populaire en rapportant les *cendres* de
Napoléon, comme il avait tâché de le surprendre en repla-
çant sa *statue* sur la colonne ; de *s'acquérir les journaux de
l'ancienne Opposition ;* d'amener alors une apparence de
guerre ; de se faire subitement le plus fier et le plus belli-
queux des Français ; d'exploiter le patriotisme public, si
facile à égarer ; en un mot de faire tout seul, comme un

petit Napoléon , des *Bastilles* sous le nom de *fortifications* !

Il s'y prendra d'ailleurs autrement que la première fois : la bombe ayant surtout effrayé, on éloignera les forts ; mais on ne pourra pas moins s'en servir pour bloquer Paris, pour l'affamer, pour s'y retrancher avec une armée, s'il était nécessaire. On demandait une *enceinte continue* : il n'y a qu'à la joindre aux forts et donner aux opposants leur enceinte ; mais M. Thiers aura ses forts ou ses Bastilles, et de plus le mur et le fossé, c'est-à-dire beaucoup plus qu'on lui a refusé d'abord. Enfin, il exploitera quelques paroles d'Arago et du *National* en faveur des fortifications vraiment utiles ; il se passera des Chambres, tant son patriotisme aura d'impatience ; et, avec l'appui de ses journaux , il couronnera par le plus glorieux succès la plus gigantesque entreprise.

Et il réussirait peut-être en effet, si ce pouvait être l'ouvrage de quelques jours.

Mais la Presse n'est pas encore morte ; la Presse réclame ; et la Presse empêchera tout.

Du reste, si les menaces de guerre , que nous avons supposées feintes et concertées, sont sincères et réelles, tout le reste n'en subsiste pas moins, et M. Thiers ne les exploite pas moins pour saisir l'*occasion* de faire des Bastilles... Reste à prouver que ses fortifications sont des *Bastilles.*

Remarquons d'abord qu'en repoussant des Bastilles , les Chambres, la Presse, la Garde nationale, la Population, tout le monde, admettent qu'il peut y avoir un Ministère et même un Roi futur et inconnu, capables de bombarder ou d'affamer Paris en le bloquant pour détruire la liberté. C'est dans cette supposition qu'il faut raisonner.

Remarquons ensuite que le *Messager* du 25 septembre dit :

« Le plan actuel des fortifications est le même que celui présenté en *mai* 1840 après quatre années d'étude , par la Commission de défense générale du Royaume... C'est presque le plan du général Haxo... C'est une *enceinte continue* contenant un *espace triple* de celui de Paris, avec des ouvrages ou *forts* extérieurs plus *éloignés* du corps de la place que le fort de Vincennes... Le Gouvernement, tenant compte de toutes les *susceptibilités*, a déjà RENONCE de lui-même au *fort de l'Epine*, etc., trop *rapproché* du mur d'enceinte, quoique sa *portée de canon ne puisse y atteindre.*

» Dès que *le tracé* de l'enceinte et des forts extérieurs sera définitivement arrêté sur tous les points, on le fera *connaître.*

» Ainsi donc, que les esprits qui s'inquièteraient de *bonne foi* se rassurent : *il ne s'agit pas* d'EMBASTILLER la capitale de la France, mais de la *défendre,* au besoin, contre une agression des armées étrangères ; et il n'y a que les hommes qui *ne voudraient pas leur résister énergiquement* qui pourraient *contrarier* l'exécution d'un projet aussi *patriotique.* »

Remarquons que le *Messager* proteste contre l'*embastillement,* et par conséquent contre toutes fortifications qui seraient réellement des Bastilles. Remarquons aussi que le Ministère reconnaît qu'on peut s'inquiéter de *bonne foi*, et qu'il doit respecter les *susceptibilités* publiques.

Hé bien, *qui a bu boira,* dit le proverbe. Or, on a voulu des *Bastilles*, du moins tout le monde l'a cru et l'a dit ; on en a besoin plus que jamais : donc on veut aujourd'hui des *Bastilles.*

Ensuite, qui propose ces fortifications ? Un Ministre *ennemi de la liberté,* contre laquelle il a déjà demandé des Bastilles. C'est donc le cas de s'écrier : *Timeo Danaos, et dona ferentes !* Je crains l'ennemi, même quand il prétend travailler pour nous !

D'un autre côté, un Journal confident de M. Thiers (*Le Courrier Français*) avoue que les fortifications projetées ont le *double avantage* de nous protéger contre les *agressions du* DEDANS, et contre celles du *dehors.*

Ce seront des Bastilles ou des forts produisant le même effet que des Bastilles.—Car, d'abord, rien ne prouve qu'ils seront trop éloignés pour pouvoir lancer des bombes et des boulets sur Paris.

En second lieu, supposons l'enceinte et les 20 forts terminés, le Gouvernement retiré dans l'un d'eux, 100,000 hommes dévoués dans les autres, et 200,000 hommes dévoués dans un camp entre le mur et les forts (et il ne serait pas difficile d'avoir une armée *dévouée*, en lui prodiguant les caresses, les décorations, l'argent, les priviléges ; en l'isolant du Peuple ; en l'égarant et en l'irritant par toutes sortes de mensonges et de calomnies). Toutes les armes, la poudre, les munitions, les *vivres* même, pourraient être enfermés dans les forts ou dans des magasins défendus par les forts. On ne laisserait dans Paris ni armes, ni poudre, ni vivres. La Garde nationale devenant inutile, on lui ferait demander son congé, ou bien on ne la commanderait plus, et l'on finirait par lui faire déposer ses armes, comme on l'a fait dans beaucoup de villes, à Lyon, etc. Une grande partie s'empresserait d'obéir ; et si le reste voulait résister et se révolter, on le contraindrait en l'affamant. Mais elle obéirait et déposerait ses armes dans l'un des forts, ou à la Mairie, d'où on les transporterait ensuite dans un fort. On désarmerait complétement la population, en prenant même des précautions pour les armuriers et les fusils de chasse....... Cela fait, en cas de révolte, qui empêcherait les 200,000 hommes de passer en-deçà du mur d'enceinte, de s'approcher de la ville, et *d'amener des batteries* qui pourraient brûler Paris ? Qui les empêcherait de faire *d'autres forts plus rapprochés* du mur d'enceinte, puis *d'autres forts en-deçà* de ce mur, protegés par le canon des premiers et par l'armée ?

En troisième lieu, les forts, l'enceinte et l'armée, suffiraient pour bloquer, affamer et forcer Paris à capituler, *sans qu'il fût besoin de tirer un coup de canon* ni d'envoyer un soldat dans la ville, d'autant plus que le Gouvernement aurait toujours un parti, et qu'il lui serait toujours facile de semer la division, la confusion, l'anarchie et la trahison.

Ainsi, les 20 forts et l'enceinte continue produiraient le même effet que des Bastilles : ce serait le plus gigantesque embastillement qui fut jamais ; et son effet serait d'autant plus assuré qu'on ne serait jamais obligé de bombarder Paris ; la certitude de pouvoir l'être, le blocus et la famine, suffiraient pour mettre la population dans l'impossibilité de résister à l'oppression.

Si ce n'étaient pas des Bastilles, M. Thiers n'éviterait pas la publicité ; il ne chercherait pas le mystère et les ténèbres ; il ne braverait pas des soupçons légitimes et un mécontentement dangereux ; il communiquerait ses plans ; il ne commettrait pas un attentat, ne violerait pas la Charte (comme nous le prouverons tout-à-l'heure), et ne s'exposerait pas à la plus redoutable responsabilité en agissant dictatorialement ; il s'empresserait de convoquer les chambres ; il provoquerait la discussion ; il démontrerait que les fortifications sont utiles, nécessaires, sans aucun danger intérieur ; il en persuaderait et convaincrait si bien tout le monde, que tout le monde désirerait et demanderait les fortifications ; il les aurait ainsi sans opposition, sans soupçon, sans aucun inconvénient pour lui. Et puisqu'il cherche le mystère, puisqu'il brave les soupçons et les accusations, tous les périls d'une effrayante responsabilité, en s'exposant même à trouver une invincible résistance dans l'opinion publique, c'est qu'il a un immense intérêt à agir ainsi, c'est qu'il a la conviction que sa demande serait repoussée par les Chambres, c'est que les fortifications sont des *Bastilles*.

Si c'étaient des fortifications nécessaires, à ses propres yeux, contre une prochaine attaque de l'étranger, il convoquerait les Chambres ; il approvisionnerait Paris et sa garnison ; il organiserait l'artillerie, la cavalerie, les transports, qui manquent de chevaux ; il porterait l'armée au complet de guerre ; il réorganiserait les Gardes nationales dissoutes, et les exercerait. Il ferait tout cela, que cela ne prouverait rien encore, car ce pourrait être une ruse ; mais, puisqu'il ne convoque pas les Chambres, puisqu'il ne réorganise pas les Gardes nationales, etc., c'est une preuve manifeste, incontestable, qu'il ne craint pas la guerre, que les fortifications n'ont rien d'urgent, et que ces fortifications sont des *Bastilles*.

Ainsi, ce sont des Bastilles ; et le fait de leur qualité de Bastilles suffit pour les faire proscrire comme elles l'ont été précédemment.

Mais supposons que les Chambres soient convoquées et

consultées : aucune question ne serait plus grave que celle-ci : *Faut-il des fortifications à Paris ?*

Si certaines fortifications pouvaient être utiles sans avoir de danger, il faudrait les admettre ; mais les fortifications consistant en *forts ou citadelles*, avec ou sans enceinte continue, qui feraient de Paris une *place de guerre*, nous paraissent inadmissibles par une foule de raisons.

Ce serait concentrer la France dans Paris, faire dépendre le salut du pays du salut de la capitale. Paris pris, et l'ennemi pouvant se servir de ses fortifications, tout serait pris. Or, une attaque heureuse, avec une masse énorme, sur un seul point choisi, sur une immense étendue de 20 lieues, n'est nullement impossible. D'ailleurs, la *trahison* pourrait livrer un point, et la trahison aurait d'autant plus de chances qu'il y aurait plus de points à défendre et plus de chefs chargés de les garder. C'est la *trahison* qui a fait le grand péril de la première Révolution ; c'est elle qui l'a souvent compromise ; c'est elle qui a tout perdu en 1814, tout perdu en 1815 ; et c'est elle qui ferait le plus grand danger de la guerre actuelle. Il est sans doute désolant d'avoir à craindre la *trahison* ; mais l'expérience nous a montré tant de milliers de traîtres, que ce serait folie de ne pas être convaincu qu'il pourra y en avoir des milliers encore dans un temps où les partis sont plus nombreux que jamais ; et nous le répétons, des fortifications continues ou non continues, avec *des citadelles*, augmenteront les chances de trahison et de perte pour le pays.

De pareilles fortifications autoriseraient un Ministère oppresseur à tenir toujours 100,000 hommes à Paris, logés dans les forts. Elles endormiraient la France, rendraient la guerre purement militaire, et l'empêcheraient d'être nationale et populaire. Elles bouleverseraient les propriétés de la *Banlieue*, détruiraient leur valeur en les assujettissant à une multitude de *Servitudes* militaires, onéreuses, vexatoires, funestes à l'agriculture. En temps de paix, la Banlieue serait à la merci de la garnison ; en temps de guerre , elle supporterait tout le poids de l'invasion et serait à la discrétion de l'ennemi. Sans doute le patriotisme de la *Banlieue* devrait supporter et supporterait bravement tous ces inconvénients, s'ils étaient nécessaires au salut public ; mais elle aurait raison de se plaindre de tant de sacrifices, s'ils sont inutiles ; et les conséquences seraient si funestes pour elle que , dans peu de temps, quand elle connaîtra la vérité , elle sera furieuse contre les fortifications.

M. *Delessert* , frère du Préfet de police, s'opposait aussi aux forts détachés , et disait :

« En voyant la valeur des terrains et des propriétés aux environs de Paris , celle des maisons, des campagnes, des *usines,* des *ma-nufactures,* et des *établissements* de toute nature, qui sont placés sous la zone qui doit être occupée par les quatorze forts, on doit être *effrayé des indemnités* qu'on sera obligé de payer aux propriétaires ; et cela est facile à concevoir quand on pense qu'il faudra *raser* tous les bâtiments qui seront en face des fortifications sur un développement de 50,000 mètres et sur une longueur de 1,000; que des VILLAGES, des FAUBOURGS entiers seront *détruits*; que d'autres seront soumis à des *servitudes* onéreuses. Ces servitudes s'étendront sur un espace presque *aussi grand* que celui occupé par Paris, qui est évalué à 10,000 arpents. »

Quant à l'enceinte continue, le maréchal Soult , président du conseil , parlait des dépenses et des charges qu'elle occasionnerait, en ces termes :

« IL Y A DE QUOI FRÉMIR quand on pense que, suivant le système qu'on voudrait faire adopter, il faudrait imposer *toutes les servitudes imaginables* à une population de 800,000 âmes. »

Et remarquez qu'il est impossible d'avoir, sous aucun rapport, la moindre confiance dans un Ministre qui n'évalue la dépense qu'à 100 *millions,* lorsqu'en 1833 il avait déjà dépensé 7 millions et demi en simples travaux préparatoires, lorsqu'un journal militaire estime à 200 *millions* la valeur du *moellon* seulement nécessaire pour construire le seul mur d'enceinte (long de 11 à 20 lieues, épais de 10 pieds haut de 30, avec 80 bastions, etc.); lorsque le maréchal Soult disait : *Il y a de quoi frémir....* — C'est *un milliard*, plus d'un milliard qu'il faudrait dépenser.... Et que l'on pense aux difficultés pratiques, à la multitude de voitures et de chevaux nécessaires, à l'état des *chemins* et des *chevaux* quand il s'agirait de charrier, au loin, pendant l'hiver, les masses énormes qu'il faudrait arracher à toutes les carrières de Paris...!!

Ces fortifications tueraient également le *Commerce* et l'*Industrie* de Paris, en détruisant sa liberté, en lui imposant inutilement mille entraves; et, nous en sommes convaincus, bientôt ce seront les commerçants, les industriels, la Garde nationale, qui crieront le plus contre M. Thiers, quoiqu'ils soient généralement prêts à tous les sacrifices qu'exigent le salut et l'honneur du pays.

Rien de tout cela ne devrait arrêter si le salut du pays pouvait en dépendre ; mais tant de sacrifices, tant de dépenses exigent un mûr examen et la nécessité la mieux démontrée.

Les fortifications dénatureraient Paris, ses mœurs, ses habitudes : ce ne serait plus la *Capitale du Monde civilisé*, la *Ville des Arts et des Sciences*, la *Ville des Études*, la ville de l'urbanité, de l'élégance et du goût; ce serait un *camp*, une *place forte*, un gouvernement militaire, où tout serait soumis à la consigne, à la patrouille, au tambour ; où l'on serait menacé de voir à chaque instant déclarer *l'état de siége ou de blocus*; où le soldat trompé, séduit, serait tellement prédominant qu'il finirait par traiter l'habitant de pékin et de calicot; où l'étranger trouverait beaucoup moins de plaisir, et viendrait beaucoup moins; où les pères de famille n'oseraient plus envoyer leurs enfants, et d'où s'enfuiraient les amis de la liberté.

Ce serait la seule capitale ainsi fortifiée ; ce serait un fait unique, inouï.

C'est dans l'accord du Gouvernement avec la Nation,

dans la confiance de celle-ci, dans son énergie, dans une *guerre nationale*, qu'il faut mettre le salut du pays. La République a sauvé Paris sans forteresses et des fortifications ne l'ont sauvé ni en 1814, ni en 1815. Les fortifications de *Malte* étaient imprenables : mais quand Bonaparte les attaqua en allant en Égypte, un *traître*, acheté par lui depuis long-temps, les lui livra ; et quand le Général du génie visita la place, il s'écria : « Quel bonheur qu'il y ait eu dans » l'intérieur quelqu'un pour nous en ouvrir les portes! » Vide et fermée, nous n'aurions pas pu la prendre! » — Mais il n'est pas de porte et pas de place que la *trahison* ne puisse ouvrir et livrer.

Si donc les fortifications de Paris consistent en 18 *ou* 20 *forts*, en outre de l'enceinte continue ; si Paris est une place de guerre et un camp pour 300,000 hommes ; quelle que soit la distance des forts, ce sont des *Bastilles* ou des espèces de *Bastilles*, ou des forts qui peuvent produire le MÊME EFFET que des *Bastilles;* on peut et l'on doit dire que Paris serait EMBASTILLÉ.

Paris EMBASTILLÉ! Ce mot décide tout ; car c'est surtout sous le rapport *politique* qu'il faut considérer cet embastillement.

« Une *forteresse*, dit *le Standard* (journal anglais) ressemble toujours beaucoup à une *prison*. Paris fortifié sera *la geôle* de la Monarchie ou *des libertés de la France.* »
« Paris embastillé, dit encore le *Standard*, sera le *tombeau de la liberté de la France ;* et avec la liberté de la France *périra l'espoir d'une liberté raisonnable en Europe.* »

Paris EMBASTILLÉ ! Mais supposez que les 20 forts extérieurs, avec ou sans enceinte continue, aient existé en 1830, et que Charles X ait pu s'y retirer avec 100,000 hommes; pensez-vous que la population Parisienne aurait eu seulement la pensée de se révolter et d'aller attaquer Charles X, retranché dans ses forts au milieu de ses 100,000 soldats? Si elle l'eût fait, doutez-vous qu'il n'eût pu s'y défendre 8 ou 15 jours? Doutez-vous que, s'il eût été nécessaire, il aurait appelé l'Étranger? Doutez-vous qu'il aurait livré ses forts à la Coalition?

On assure qu'à la première nouvelle des réunions de Députés, Charles X ou M. de Polignac lança des mandats contre *Lafayette, Laffitte, Mauguin, Salverte* et quatre autres pour les faire fusiller. Croyez-vous que s'il avait eu des Bastilles, il n'aurait pas affamé Paris jusqu'à ce qu'on lui eût livré les huit Députés pour suspendre leurs têtes à huit barrières?

Et remarquez-le bien, Charles X bloquant hermétiquement Paris, personne n'aurait pu ni *sortir*, ni entrer; la poste aurait été arrêtée comme les diligences; les Départements n'auraient su que ce que le Gouvernement leur aurait fait connaître en les trompant, en faisant imprimer de *faux journaux* pour les tromper; aucun d'eux n'aurait pu faire aucun mouvement, ni venir au secours de Paris...

Et qu'aurait fait Charles X, poussé par les Jésuites, par les ultra-royalistes, par les Polignac, les Bourmont, les La Bourdonnaie? Imaginez, si vous l'osez..! Peut-on douter qu'il aurait fait alors ce que Louis XVIII n'avait pas osé faire en 1814, ni en 1815; qu'il aurait réalisé tous les projets de contre-révolution et de vengeance, formés depuis 89; qu'il aurait rétabli complétement l'ancien régime, repris les biens nationaux, rétabli la dîme, proscrit, déporté, emprisonné les 221; pendu les journalistes, sans excepter *M. Thiers*, signataire de la première protestation contre les Ordonnances, etc., etc.? Ou plutôt, on n'aurait pas même eu la pensée de protester et de résister; il aurait révoqué la Charte, aboli la Presse et les imprimeries, envoyé les patriotes à Cayenne, comme l'a fait Bonaparte (1) qui cependant n'avait pas de Bastilles...

Quand, après l'insurrection du 1er prairial (2), les Thermidoriens ordonnèrent que le faubourg Saint-Antoine serait désarmé, et, en cas de refus, entouré, bloqué, bombardé, brûlé, les ouvriers eurent beau vouloir se défendre; les

____

(1) *Histoire populaire de la Révolution française*, t. IV, p. 478.
(2) *Ibid.*, t. IV, p. 226.

propriétaires, les riches, les maîtres, craignant pour leurs propriétés et leurs richesses, firent tant d'efforts pour amener la soumission, que les intrépides bataillons de la Garde nationale livrèrent leurs canons, puis leurs fusils, puis leurs chefs, puis une foule d'entre eux, ce qui entraîna le désarmement de toute la Garde nationale de Paris, de tout le Peuple, et un esclavage dont il n'a pu sortir depuis cette époque.

Supposons que Louis XVI eût eu les 20 bastilles et l'enceinte continue, laissant, entre le mur et les forts, Versailles où se seraient trouvés les Princes, la Cour, les Ministres, la Noblesse, le Haut-Clergé, le Parlement, tous les contre-révolutionnaires, avec les Gardes-du-Corps et les Suisses, tandis que tous les régiments étrangers auraient occupé les forts, sans aucun contact avec les citoyens qu'aurait fait toute l'éloquence des Mirabeau, des Sieyès, des Bailly..? Croit-on qu'il y aurait eu un 10 août, un 6 octobre, un 14 juillet, un Serment du Jeu de Paume, une Révolution? Pense-t-on qu'aucun des progrès faits depuis par l'Humanité aurait pu s'accomplir?

Supposons encore que, dans 10 ou 20 ans, un Prince jésuite et contre-révolutionnaire, un Ferdinand ou un Don Miguel, se trouve, au milieu des 20 bastilles, avec un Ministère composé de ce qu'il y aurait de plus fanatique et de plus tyrannique en France; qu'il soit d'accord avec la Sainte-Alliance; et que celle-ci soit réunie dans un *Congrès* pour régler le sort de l'Europe. Peut-on douter un moment qu'elle détruirait la liberté en France, sa Représentation nationale, la Presse, surtout les journaux, même les livres sur la politique, par conséquent l'imprimerie et la librairie...? Le Commerce, l'Industrie, les Arts, tout périrait avec la liberté... Les Jésuites et les Frères Ignorantins façonneraient les générations naissantes à la superstition et à la servitude, tandis que les Missionnaires tourmenteraient la génération actuelle... Et l'Aristocratie aurait raison dans son intérêt d'Aristocratie... Puis, tous les Peuples subiraient successivement le même joug, même le Peuple anglais..!

Et la prophétie de Napoléon s'accomplirait : *L'Europe sera* COSAQUE, si elle n'est pas République..! Car écoutez cette autre prophétie faite à Saint-Hélène (1).

« Ceux qui ont consenti à l'incorporation de la Pologne avec la Russie seront *l'exécration* de la Postérité, tandis qu'on prononcera mon nom avec *regret* alors que les belles contrées du sud de l'Europe seront la proie des barbares du Nord..... Dans quelques années, LA RUSSIE AURA CONSTANTINOPLE, la Turquie et la Grèce : cela me paraît *aussi certain* que si la chose était déjà faite. Toutes les *cajoleries* d'Alexandre envers moi avaient pour but de *m'y faire consentir;* alors *la Russie sera* MAÎTRESSE *de l'Europe.* »

Dira-t-on qu'on se révolterait alors?... — Mais, si, aujourd'hui, on est assez aveugle ou faible pour laisser construire les Bastilles, est-il raisonnable d'espérer qu'on pourrait les détruire quand on serait désarmé, divisé, désuni, découragé?... Rien de ce qui s'est fait au 14 juillet, au 6 octobre, au 10 août, au 20 mars, en 1830, ne pourrait se faire avec 20 bastilles et un mur d'enceinte, parce qu'aucune des circonstances favorables d'alors n'existerait plus. L'expérience des insurrections a profité à l'Aristocratie comme à la Démocratie; elle ne referait plus les mêmes fautes; elle sait bien que toute insurrection serait impossible avec Paris *embastillé.*

Et remarquez-le bien encore, les bastilles une fois faites, tout serait décidé, le procès serait gagné pour l'Aristocratie Européenne comme pour l'Aristocratie Française. Parfaitement tranquilles, n'ayant plus d'insurrections à craindre, toute guerre étant inutile, les Aristocraties se garderaient bien de brusquer le reste; elles auraient la prudence de mettre dix ans, vingt ans, à préparer l'achèvement de leur système d'embastillement universel.... Elles emploieraient d'abord la bonhomie, la douceur, les concessions même, pour endormir et tromper, pour faire dire à leurs amis : « Ce n'est que ça, ces bastilles, dont les oiseaux de » mauvais augure nous faisaient si peur! Nous ne sommes » ni bombardés, ni brûlés, ni écrasés, ni affamés!... Et

(1) *Histoire populaire de la Révolution française,* t. IV, p. 578.

» nous dormons paisiblement sans craindre ni la guerre ni
» l'émeute ! »

Puisque les bastilles seraient un si grand bienfait pour
Paris comme pour Lyon , on daignerait en donner à toutes
les principales villes de France sans qu'aucune pût les
refuser quand Paris et Lyon seraient embastillées.

Puis , la France étant ainsi garnie de bastilles, on em-
bastillerait la Pologne comme Varsovie, puis l'Italie, puis
le Hanôvre, puis l'Espagne, puis l'Allemagne, l'Angleterre,
enfin l'Europe.

Ce n'est qu'alors que l'Aristocratie Européenne , réunie
en congrès , déciderait tout ce qu'elle voudrait , déciderait
certainement l'esclavage des Peuples , et élèverait une statue à *Machiavel*, qui depuis long-temps disait aux Rois : « Si
vous craignez *vos sujets* plus que l'étranger, *faites des Bastilles !* mais si vous craignez l'étranger plus que vos sujets,
ne faites pas de Bastilles ! »

Toutes les capitales étant également imprenables, on
pourrait opérer un désarmement général ; on aurait la paix ;
mais cette paix ne serait que la *servitude* (*servitutem pacem
appellant*).

Et voyez comme le rôle d'un Tyran serait facile ! Supposez Paris poussé par le désespoir à l'insurrection ; la population maîtresse des Tuileries , de tout ; le Gouvernement
insurrecteur à l'Hôtel-de-Ville , couvrant librement les murs
de ses proclamations ; et tout le monde réuni sur les places
publiques. Point d'armes, point de poudre, point de vivres ! La Tyrannie, retranchée dans ses 20 forts avec 100
ou 200,000 soldats , dirait aux Parisiens révoltés : « A votre
» aise ! courage ! Amusez-vous ! Je vous déclare en état de
» révolte et en état de blocus. Personne ne sortira , personne
» n'entrera ; la poste et les diligences seront arrêtées au-de
» dans et au-dehors... Vous n'aurez pas de vivres... Je ne
» veux pas aller vous faire rentrer dans le devoir : mais
» venez franchir le mur et le fossé pour m'attaquer dans
» mes forts !... Paraissez seulement sur les remparts si cela
» vous fait plaisir !... Vous verrez comme je saurai me dé-

» fendre et vous recevoir !... Du reste, je suis bon et clé-
» ment; je pardonne aux égarés; j'accorde *amnistie pleine*
» *et entière;* mais, pour votre propre bonheur (car je suis
» votre père), mon devoir paternel m'oblige à punir les
» agitateurs, les bavards, les ambitieux, les brouillons, les
» factieux, les misérables qui vous ont égarés; et j'excepte
» de mon royal pardon dix de vos chefs, A..., B..., etc. Je
» veux que vous me les ameniez, non morts, mais vivants,
» pour qu'il en soit fait justice exemplaire. Vous me les
» amènerez tel jour...; n'y manquez pas! car leur nombre
» serait augmenté de tant pour chaque jour de retard...
» Vous êtes parfaitement libres cependant de ne les amener
» que quand vous voudrez: c'est votre affaire et non la
» mienne... Vous n'aurez de vivres, et le blocus ne cessera
» que quand il vous aura plu d'obéir... » — Voilà ce que
dirait un Tyran à *Paris embastillé.*

Paris EMBASTILLÉ ! Quoi! La prise de la Bastille en 89
a été la cause de la Révolution et de la chute du Despotisme
et de l'Aristocratie. Sans le 14 Juillet, la Révolution était
noyée dans le sang des plus courageux Députés, des plus
généreux citoyens: Bourgeois et Peuple gémiraient encore
sous le poids de tout l'Ancien régime, de la Féodalité, de
là Cour, de la Noblesse, du Clergé, des Priviléges, des
Monopoles, de la plus humiliante Servitude: toutes les villes
qui avaient des Bastilles (Marseille, Toulon, Montpellier,
Valence, etc.) ont imité Paris (1); la prise de la Bastille a
été saluée par la Nation tout entière, par toutes les Na-
tions, par toutes les Générations suivantes; c'est la gloire
de nos pères, c'est la gloire de la France... Et le Peuple qui
a fait le 20 mars, qui a fait 1830, souffrirait la construction, non d'une, mais de 20 Bastilles!!!... Et nous, à qui
nos pères ont donné un saint exemple du dévouement pour
leurs enfants, nous condamnerions à l'esclavage notre postérité en lui laissant lâchement préparer des Bastilles!!!...

La Constituante, renfermant 300 Nobles et 300 Prêtres,

(1) *Histoire populaire de la Révolution française,* t. I, p. 439.

a proclamé qu'une Nation n'est pas libre si ses Représentants sont entourés de troupes à moins de 12 lieues; et la France de 1840 consentirait à mettre sa Représentation nationale dans une prison dont un Ministre aurait la clef!...

A quel degré de dégénération, de corruption, de lâcheté, de servile abjection, ne faudrait-il pas être descendu! La Nation ne mériterait-elle pas d'être muselée, garrottée, fouettée, foulée aux pieds! Ne serait-elle pas la risée, le mépris, la haine de tous les Peuples!

Mais la chose est impossible; l'admettre un moment serait un outrage... *A bas les Bastilles!* a-t-on crié en 1832 : *A bas les Bastilles!* crieraient encore la Garde nationale et la Population!...

Oui, M. Thiers aura pu surprendre un moment la confiance de quelques Journaux; mais quand on sera bien convaincu que les forts ne peuvent être que des Bastilles, la Presse entière sera l'écho de la voix nationale : *Point de Bastilles!*

Oui, nous en avons la plus profonde conviction, l'opinion sera bientôt unanime; les Journaux trompés par M. Thiers seront honteux de leur égarement momentané; et c'est contre lui que se réuniront tous les cris. Mais la prévention est telle que nous ne pouvons négliger aucun moyen pour dissiper les nuages dont on a su couvrir la vérité; et pour ceux qui peuvent désirer des *autorités*, en voici :

Vauban, Napoléon, Valazé, Haxo, étaient d'avis d'une enceinte continue pour mettre Paris à l'abri d'un coup de main : mais aucun ne voulait des forts ou des bastilles.

« Après la campagne d'Austerlitz, dit à la tribune le député N....., *l'Empereur* eut la pensée de faire simplement *fortifier les hauteurs de Montmartre;* mais il n'eut *jamais l'intention* d'en faire une place de guerre. Ces bruits de fortifications portèrent *l'alarme* dans l'esprit des habitants; des plaintes se firent entendre. Entouré de son prestige de gloire, des œuvres de son génie, le vainqueur de l'Europe s'arrêta devant *l'inquiétude* de l'opinion publique; son projet fut abandonné. »

A Sainte-Hélène, Napoléon disait :

« Ce serait prendre un mauvais parti que celui de se laisser en -
fermer dans un camp retranché : on courrait risque d'y être forcé,
d'y être au moins bloqué, et d'être réduit à se faire jour l'épée à la
main pour se procurer du pain et des fourrages. Il faut quatre ou
cinq cents voitures par jour pour nourrir une armée de cent mille
hommes. L'armée envahissante étant supérieure *d'un tiers* en in-
fanterie, cavalerie et artillerie, empêcherait les convois d'y arriver;
et sans le bloquer hermétiquement, comme on bloque les places,
elle rendrait les arrivages si difficiles que la famine serait dans le
camp. »

En 1826, dans l'*Esprit militaire en France*, le général *La-
marque* disait :

« Je suis loin de penser que son occupation (de Paris) par l'ennemi dût nous ôter tout moyen de résistance ; mais cette métropole
des beaux-arts, ce foyer si brillant de toutes les lumières, ce centre
productif de notre industrie et de notre commerce, est à la fois
le séjour de nos Rois, le siége de notre Gouvernement et le dépôt de
toutes nos richesses. Il faut donc trouver le moyen d'*en éloigner*
l'ennemi; et ce moyen, je le répète, est dans nos institutions, dans une
armée nombreuse, manœuvrière et toujours mobile; dans une réserve organisée et pliée aux habitudes militaires. Mettre sa confiance dans des forces mortes serait une *erreur funeste*. Les quatre
cents forteresses que, d'après Procope, construisit Justinien, n'ar-
rêtèrent pas les barbares ; la longue muraille élevée de la mer de
Marmara au Pont-Euxin ne sauva pas Constantinople. »

Sur la question des forts détachés, en 1833, le général
Demarçay disait :

« *La chose* (l'enceinte inabordable de Paris) *est absolument et
physiquement impossible;* et n'y eût-il que le quart, le cinquième,
le sixième de ce développement qui ne fût pas suffisamment cou-
verts, c'est précisément sur ce point que se porteraient toutes les
forces de l'ennemi, c'est ce point faible qui jetterait la crainte et la
terreur dans la garnison. — Je crois inutile d'en dire davantage à
cet égard. *L'argent consacré aux nouvelles fortifications est de l'argent perdu.* »

Le général *Jomini* dit aussi :

« Quant à nous, qui avons eu la douleur d'assister aux deux désastres de La *Fère-Champenoise*, en 1814, et de *Waterloo*, en 1815, et qui avons été acteur sous les murs de Paris, pour en disputer les approches aux colonnes ennemies, nous persisterons dans notre opinion que : « *La meilleure fortification pour la capitale de la France serait la rive gauche du Rhin et une armée très mobile et très fortement constituée.*

» Sans prétendre faire injure au patriotisme de messieurs les Parisiens, nous ne craignons pas d'arguer de leur conduite en 1814 et 1815, pour conclure que les circonstances étant semblables, c'est-à-dire l'armée ayant éprouvé les mêmes désastres, il se trouverait dans Paris, comme à ces époques néfastes, plus d'un *traître* et plus d'un lâche qui paralyseraient le courage des soldats et les *velléités belliqueuses* de la milice parisienne. A quoi donc bon alors dépenser *cinq cents millions* aux fortifications d'une ville, que *vingt-cinq mille* hommes de cavalerie, cinquante pièces d'artillerie légère, et quelques pulks de cosaques *patrouillant jour et nuit*, à deux lieues du mur d'enceinte pendant quinze jours, peuvent amener à composition ? Là gît toute la question sous le point de vue militaire ; quant aux autres motifs, nous n'avons pas à nous en occuper. »

Dans la discussion de 1833, *O.-Barrot* disait :

« Si vous voulez garnir *vingt* ou *trente* forts de garnisons, il faut disséminer une armée, et *alors vous ne remplirez pas le but que vous vous proposiez.* Au lieu de laisser l'armée libre d'opérer sur les derrières de l'ennemi, vous la concentrez dans les forts disséminés autour de Paris ; pour garnir ces forts, l'armée est obligée de *battre en retraite* sur Paris, et *de découvrir tous les départements populeux qu'elle aurait pu défendre ;* et le principal avantage qui devait résulter de la fortification de Paris, et qui consistait à laisser la troupe de ligne libre d'agir contre l'armée ennemie, cet avantage *est complétement perdu* par un système de forts qui absorbent et paralysent une grande partie de l'armée, et commandent sa direction sous les murs de Paris. »

O.-Barrot prouvait ainsi le danger des forts vis-à-vis l'ennemi :

« *Je vais plus loin :* je suppose qu'après une lutte nous succombions sous les murs de Paris, *où vous appelez toutes les forces ennemies par les dispositions que vous faites, et qui annoncent que vous voulez jouer le va-tout de la France ;* je suppose que vous perdiez la partie et que l'ennemi occupe ces forts et qu'il y mette garnison : quel motif a-t-il de se retirer? *Ah! si en 1814 et 1815 les armées étrangères sentaient que le sol de Pa is était brûlant sous leurs pas, tellement qu'elles avaient été tentées de se retirer, elles n'auraient pas éprouvé le même sentiment si elles avaient trouvé des forts qui leur servissent de positions militaires. De ces forts*, elles nous auraient rançonnés, elles nous auraient rendu la loi bien dure. (*Adhésion aux extrémités.*)»

O.-Barrot prouvait ainsi le danger des forts pour la population :

« Les Ministères sont éphémères ; les systèmes changent ; les Gouvernements sont souvent entraînés malgré eux dans des systèmes de violence. On voit la majorité se retirer ; on s'irrite de sa minorité ; la violence appelle d'autres violences ; on est arrivé à se trouver en face du pays, et à chercher ailleurs que dans les sympathies nationales des moyens de force et de sécurité. Dans de pareilles circonstances, que j'écarte de tous mes vœux, qui ne se réaliseront jamais, je l'espère, mais *qui sont possibles*, je me demande ce que seraient 12 *ou* 15 *forteresses* qui présenteraient un front aussi *menaçant à Paris* qu'au-dehors de Paris, forteresses ayant une *garnison éloignée de la population* et disposée de manière à *intercepter toutes les communications*, à placer PARIS DANS UN ÉTAT DE BLOCUS, et à *opposer aux manifestations nationales une* INERTIE PROFONDE, devant laquelle elles viendraient se briser..... Il y a là, messieurs, un GRAND DANGER, un danger auquel PARIS NE S'EXPOSERA JAMAIS sans une forte et profonde appréhension. »

O. Barrot justifiait ainsi les défiances et la résistance de la population.

« Je me demande si tout est injuste dans cette *prévention populaire* qui s'élève *contre toute espèce de fortifications* que l'on construirait autour de Paris ; je me demande si le grand homme qui a *cédé devant cette prévention*, qui n'a pas voulu élever des Bastilles autour de Paris, si ce grand homme n'a pas rendu *hommage à cette susceptibilité populaire*, qui a son principe dans une jalousie de liberté qui est *légitime* et qu'il faut *respecter*. (Adhésion aux extrémités). »

O. Barrot concluait ainsi pour la nécessité de soumettre la question à l'examen des Chambres.

« Ma conclusion n'est pas qu'il faut se décider pour tel ou tel système, qu'il faut mettre à l'écart les documents qui vous ont été soumis ; ma conclusion est qu'*il faut examiner*. C'est que, lorsque dans une loi récente, nous avons posé ce principe que, même pour un *chemin de fer de quelques lieues*, il faut s'adresser à la législature et lui soumettre tous les documents possibles, NOUS DEVONS *pour la plus immense question qni puisse intéresser nos finances,* NOS LIBERTÉS, *notre sécurité* INTERIEURE *et extérieure*, procéder par voies législatives, et non par un article du budget. (*A gauche:* Très bien ! très bien ! »

Écoutez maintenant un Écrivain défenseur ardent du Pouvoir, *Boyer-Fonfrède*. Un journal ministériel assurant que *la Ville* « ne pourrait être occupée par l'ennemi tant qu'il resterait encore *un seul fort* debout pour L'Y *battre en ruine*, » il répond :

« Mais aussi est-ce par ce motif que la population de Paris a fait repousser le système des *forts* détachés, parce que Paris aime mieux courir le risque d'être occupé par l'ennemi que d'être BATTU EN RUINES ET DETRUIT par les *batteries tournées contre la ville elle-même*. Voilà les deux périls entre lesquels les deux systèmes de fortifications (avec des forts) placent Paris. Toutes vos phrases belliqueuses n'y remédieront pas..... Calculez que le Pouvoir, *étranger* ou *Français*, qui sera maître des *forts* détachés, tout éloignés qu'ils seront, n'en sera pas moins MAÎTRE ABSOLU *de la capitale et de tous* ses habitants, parce qu'il DOMINERA *toutes les avenues et* AFFAMERA *Paris à l'instant*. »

Voici la conclusion d'une brochure que vient de publier un *Bourgeois de Paris :*

« Eh bien ! j'ai dit, j'ai prouvé que le système des forts détachés livre Paris à tous les despotismes. Portez ces forts à dix lieues de Paris, s'ils se soutiennent de manière à établir le blocus, l'effet sera le même. Par le système que j'attaque, le premier Général ambitieux et aimé des soldats serait le maître du Gouvernement qui lui aurait confié le commandement de Paris. Rien de semblable n'est à craindre aujourd'hui, je le sais bien ; mais demain, mais dans cinquante, dans cent ans, qui oserait en répondre ?

» J'aborde une dernière éventualité, fort triste, devant laquelle pourtant la prévision de l'homme politique ne doit pas reculer.

» Malgré toutes les fortifications, il n'est pas absolument impossible que Paris, par trahison ou par fortune de guerre, ne tombe au pouvoir de l'étranger qui, maître alors des citadelles, tiendrait la tête de la France dans un bourrelet de fer. Pour commettre ce meurtre de la civilisation, *il ne faudrait que trente mille soldats.* Les Rois absolus pourraient ramener leurs armées dans leurs Etats, elles seraient revenues avant que nous n'eussions pu délivrer Paris et organiser les moyens de les arrêter. Lyon est déjà enfermé dans des forts détachés ; si l'on y emprisonne aussi Paris, nous courons risque de vivre et *de travailler au profit d'un maître.* La défens de Paris, telle qu'elle est conçue par le comité, établit autour de nous le *despotisme* en permanence ; il ne s'agit que de rencontrer des mains assez *impies* pour l'exercer. »

Le *Commerce* publie la pièce suivante déjà publiée dans un journal *légitimiste*, qu'il croit, dit-il, *bien informé.* Quoique ce document n'ait rien d'authentique et puisse paraître peu important, nous le transcrivons ici.

Fragment d'une correspondance diplomatique.

. . . .

« Jai tout lieu de croire à la sincérité du principal personnage. Il m'a fait savoir qu'il avait mis le *petit ambitieux* dans ses intérêts. Les menaces de guerre sont à ses yeux un grand malheur ; mais depuis que la certitude est acquise qu'il n'existe de notre part *aucune intention de guerre et d'hostilité personnelle contre lui*, le même personnage est beaucoup plus tranquille Il a l'espérance de tirer un grand parti du mouvement de ces derniers temps. La fortification de Paris est *le point le plus important*, et si l'on parvient à terminer une portion notable de ces ouvrages, *la Révolution sera arrêtée court* dans sa marche. La nation fatiguée d'une si longue incertitude, paraît avoir perdu le goût des assemblées. On s'accoutume peu à peu à l'obéissance. La portion remuante de la capitale ne bougera pas, parce qu'on *l'amuse avec des bruits* de *guerre*, et qu'on lui donne du travail et du pain pour l'hiver. Elle bâtit des murailles qui *serviront à la contenir* d'abord et qui pourraient *la réprimer* si elle devenait hostile plus tard. On craint les chambres, qui amènent toujours l'agitation et le trouble. Si quelque partie des fortifications était assez avancée lorsqu'elles s'assembleront (Dieu veuille que ce soit pour *la dernière fois*), elles n'oseraient revenir sur ce qui a été décidé dans un premier mouvement qui a un *excellent prétexte* Elles accorderont une partie de la somme demandée, et alors on avisera au moyen de s'arranger pour le surplus.

» Telles sont les idées qui ont été mises en avant pour me faire comprendre que les intentions n'ont pas changé et que l'Europe peut compter sur le même *dévouement*. Mais, dans des circonstances difficiles, il arrive que les hommes les plus résolus se voient dans la nécessité de changer de langage et de cacher leurs sentimens.

» L'intérêt dont il s'agit est trop grand pour qu'on ait voulu me tromper. Attendez, et vous verrez si je suis un faux prophète.

» On compte sur quelques concessions de notre part. J'ai dit qu'on n'en obtiendrait pas *tant que la Révolution ne serait pas muselée;* car, dans le cas contraire, ces concessions tourneraient contre nous.

» Il est facile de prévoir que dans l'hypothèse d'une collision les chances seront moins égales qu'à aucune autre époque, et que les *tentatives d'insurrection seraient vigoureusement réprimées.* »

Voulez-vous connaître le sentiment de la Presse anglaise? Lisez les articles suivants, rapportés par le journal du *Commerce.*

Morning Chronicle.— « Il faut que le sceptre de Louis-Philippe soit bien peu solide s'il faut des moyens aussi formidables pour le protéger contre des *commotions intestines.* Des mois entiers devront s'écouler avant que les travaux soient assez avancés pour pouvoir lui être utiles en cas de besoin. Si ces fortifications ne sont pas destinées *à protéger la Cour contre le Peuple,* elles le sont sans doute à protéger le Peuple contre une attaque du dehors. Dans les deux cas, le résultat n'est pas satisfaisant. Nous considérons ce plan comme une *mauvaise mesure rétrograde,* au lieu d'être en harmonie avec la marche de la civilisation, quel que puisse être son véritable objet. »

Courrier anglais. « — On sait que depuis long-temps le projet de *fortifier Paris* est l'idée favorite de Louis-Philippe; mais jusqu'à présent, à la moindre tentative qui était faite pour mettre ce projet à exécution, les organes du parti ultra-libéral ont manifesté une violente opposition, et l'ont dénoncé avec tant de véhémence comme un plan conçu, non pas pour protéger la capitale contre les ennemis du dehors, *mais pour mettre le Gouvernement à même* d'étouffer plus promptement et d'une manière efficace les *manifestations de l'opinion publique,* qu'il a fallu le retirer immédiatement. Mais aujourd'hui que l'esprit public en France a été jeté

dans un état *d'excitation fébrile*, et qu'il est, par conséquent,
moins disposé à scruter les motifs, ou à s'enquérir rigoureusement
du but réel de cette mesure, on met *de nouveau ce projet en lu-*
mière, et il paraît avoir été reçu par toutes les classes d'hommes
politiques avec faveur et approbation. Le temps et la circonstance
qui ont été choisis pour l'exécution de ce plan, *attestent la pro-*
fonde sagacité du roi des Français. Considéré sous le point de vue
de la défense contre une invasion étrangère, ou comme moyen
d'accroître la force de la France et d'augmenter sa puissance de résistance, ce projet serait parfaitement *inutile*, et serait en même
temps une critique contre le caractère ou le courage des habitants,
de même que contre la prudence des gouvernants. L'expérience a
prouvé d'ailleurs que des fortifications élevées autour d'une grande
cité ne font que rendre plus grandes et plus effrayantes pour elle
les horreurs de la guerre. La meilleure et la plus sûre fortification pour une grande capitale est dans le courage de ses habitants, alors qu'ils sont unanimes dans la défense de lois et d'institutions qui leur sont favorables et qu'ils défendraient au besoin jusqu'à la mort. »

MORNING-CHRONICLE. — « Les nouvelles qui sont attendues avec
impatience de Paris, et la détermination du cabinet français d'en-
tourer la capitale de *fortifications*, sont toujours considérées dans
la Cité comme devant faire croire à une solution *pacifique* des em-
barras actuels. La résolution de *fortifier Paris* paraît être le résultat d'une *combinaison heureuse de circonstances*. On dit que
Louis-Philippe est favorable à ce projet qui doit assurer sa position
et le mettre à même, en cas de besoin, de *réprimer la multitude.*
Les Bonapartistes l'approuvent, parce qu'il est conforme aux vues
de l'empereur ; et le parti de la guerre, y compris les républicains,
l'approuve également, parce qu'ils considèrent cette mesure comme
un moyen de défense nationale et un acte de préparation à la guerre.
Par suite de cet *heureux accord* des partis, qui prend sa source
dans des motifs différents, on obtient un résultat unanime dont
Louis-Philippe, avec son *habileté ordinaire*, profite pour *exécuter*
enfin un projet que, dans d'autres circonstances, il avait été obligé
d'abandonner. Il a été *forcé de suivre le courant plus loin et plus*
long-temps qu'il n'aurait désiré. Mais il jugeait plus sage *d'atten-*
dre l'occasion favorable de changer le torrent en un lac paisible,
que de risquer les conséquences. Le résultat de cette ligue politique
suivie par le roi des Français, est que Paris sera *environné de for-*
midables remparts, bastions et batteries. Un des plans de Napoléon se trouvera réalisé en 1840, après vingt-cinq années de paix

et au milieu du progrès de la civilisation ; la première capitale du continent de l'Europe , au lieu de donner l'exemple de la culture des arts de la paix , sera absorbée par les soins que réclameront des arts qui étaient en vigueur aux siècles féodaux, à une époque où la guerre était l'occupation générale et où toutes les autres professions étaient traitées avec dédain. Le siége de la littérature et des sciences deviendra une *forteresse hérissée de canons*. Nous n'aimons pas de tels moyens employés pour arriver à une fin pacifique. »

Morning-Post. — « Il est évident que le Ministère français a un but unique , celui *de mystifier et cajoler* le public français , et grâce à la *fièvre toute militaire* qui s'est emparée de la Nation, il ne trouve pas la tâche difficile. »

En résumé, les fortifications doivent être utiles contre l'ennemi, sans danger de ce côté, d'une utilité proportionnée à leur dépense , surtout sans danger pour la Liberté... Avant tout, point de Bastilles ! Et si l'on ne pouvait fortifier Paris qu'en l'embastillant , il vaudrait mieux ne pas le fortifier et défendre le pays comme l'a défendu la Révolution... N'oublions jamais que *sans Liberté*, la France n'aurait *point d'Indépendance*, et que la *France* LIBRE *saura bien être* INDÉPENDANTE.

Certainement avec la publicité , avec la discussion , les Chambres ne consentiront jamais les Bastilles : ce serait folie, presque trahison..... Non , c'est impossible....! Les faire seul , c'est donc , de la part de M. Thiers , un acte liberticide , un crime.....

Bien plus ; c'est une illégalité, une violation de la Charte, une usurpation qui détruit dès aujourd'hui la liberté et qui établit le Pouvoir absolu ou la Dictature ; c'est un second crime ; et nous le démontrons dans notre prochaine lettre.

Avant de terminer celle-ci, nous répèterons ce que nous avons dit dans la précédente : les patriotes n'ont jamais eu plus besoin d'union et de prudence. C'est par l'*Opinion publique* qu'il faut agir en l'éclairant, car rien ne résiste à l'Opinion publique ; c'est la première des Puissances ; c'est la *Reine du monde ;* et l'armée elle-même lui présente les armes quand elle passe. Bientôt, nous n'en doutons pas, les voix puissantes, les *Lamennais*, les *Arago*, les *Cormenin*, etc., se feront entendre pour guider leurs concitoyens (1). Bientôt aussi, nous n'en doutons pas davantage, l'opinion, unanime contre les forts ou les Bastilles et contre la Dictature usurpée par le plus audacieux des Ministres, répètera dans toute la France : *Point de Dictature ! Point de Bastilles !*

CABET.

P. S. Dans notre première lettre, p. 14, nous disions que rien n'est inexorable comme la Diplomatie, et que la Coalition de Londres exécuterait certainement ses menaces contre Méhemet-Ali. Deux jours après, on apprend qu'elle vient de bombarder Beyrouth pendant neuf jours et l'a *réduit en cendres*, que les *Alliés* ont occupé les restes de la ville, et qu'ils ont décidé la *déchéance* de Méhemet-Ali..!!! On apprend aussi que le roi de Hollande vient d'*abdiquer* en faveur de son fils, le prince d'Orange, qui commandait sous Wellington à Waterloo, et que cette abdication est probablement exigée par la Coalition qui se prépare à envahir la Belgique...!!!

(1) Nous rendrons compte sommairement de toutes les opinions qui seront publiées.

LE

POPULAIRE

DE 1840,

Journal de Réorganisation Sociale et Politique,

DIRIGÉ

Par M. CABET,

Ancien Député.

Le *Populaire*, fondé par M. Cabet en 1833, se tirait à 27,000 au huitième numéro. — La *Révolution de 1830*, par le même, s'est vendue à un nombre à peu près égal. — L'*Histoire populaire de la Révolution française* a également un succès inespéré. — Cet accueil du public et de récentes invitations font espérer à l'auteur que sa voix pourrait n'être pas inutile dans un temps où le Peuple ne peut avoir trop de défenseurs dévoués à sa cause. C'est pour combattre le premier projet de bastilles qu'a commencé le *Populaire de 1833*; ce sera pour combattre le second projet que paraîtra le *Populaire de 1840*.

Inutile de dire que ce nouveau *Populaire* sera spécialement consacré à la défense des intérêts de l'immense classe ouvrière, et à la propagation des principes les plus avancés de la Démocratie.

Dans ce temps de crise où les Aristocraties coalisées nous menacent de nouveau de la guerre et de l'esclavage, où la France sera de nouveau réduite à faire une révolution européenne ou à mourir en combattant, le nouveau *Populaire* ne manquera à aucune des obligations de la mission qu'il s'impose : mais ce sont surtout les questions de *travail*, de *salaire*, de *réorganisation sociale et politique* qu'il se propose de traiter. — Un nouveau *prospectus*, qui paraîtra dans la semaine, exposera plus amplement sa *doctrine sociale*. On ajoutera seulement ici qu'aucun système n'est plus essentiellement *moral*.

Quoique plus avancé que les *Réformistes*, les *Socialistes*, les *Saint-Simoniens*, les *Fouriéristes*, il se gardera bien de leur être hostile, puisqu'ils entrent tous dans la vaste carrière du *progrès*; au contraire, il sera leur allié, leur ami, leur frère, et les appuiera cordialement, en conservant toute la pureté de ses principes et toute l'indépendance de sa mission. — Il offrira surtout ses sympathies au nouveau journal *l'Atelier*, et recevra, pour les discuter, toutes les objections qui lui seront présentées.

Le nouveau *Populaire* paraîtra 2 ou 3 fois la semaine, aussitôt qu'on aura pu réaliser le *cautionnement* nécessaire.

Les numéros se vendront 3 *sous*.

Le nouveau *Populaire* étant un acte de dévouement, et le dévouement ne pouvant être utile qu'autant que le journal aurait une grande circulation, la publication ne commencera que quand on aura la certitude d'un grand nombre d'abonnés.

PARIS. — IMPRIMERIE DE BOURGOGNE ET MARTINET, RUE JACOB, 30.